« Le Code de la propriété intellectuelle et artistique n'autorisant, aux termes des alinéas 2 et 3 de l'article L.122-5, d'une part, que les « copies ou reproductions strictement réservées à l'usage privé du copiste et non destinées à une utilisation collective » et, d'autre part, que les analyses et les courtes citations dans un but d'exemple et d'illustration, « toute représentation ou reproduction intégrale, ou partielle, faite sans le consentement de l'auteur ou de ses ayants droit ou ayants cause, est illicite » (alinéa 1er de l'article L. 122-4). Cette représentation ou reproduction, par quelque procédé que ce soit, constituerait donc une contrefaçon sanctionnée par les articles 425 et suivants du Code pénal. »
© Mise en page, photo et couverture Sandrine KRIKORIAN
© 2022 KRIKORIAN, Sandrine. Édition : BoD – Books on Demand, info@bod.fr Impression : BoD – Books on Demand, In de Tarpen 42, Norderstedt (Allemagne) Impression à la demande
ISBN : 978-2-3224-4365-9
Dépôt légal : octobre 2022

SANDRINE KRIKORIAN

*Et Saint-Martin-de-Crau
devint indépendante...
(1882-1925)*

Présentation générale

Saint-Martin-de-Crau qui, au Moyen Âge, était un petit bourg rattaché à Arles avec moins de deux cents personnes, est de nos jours une commune indépendante de plus de 13 000 habitants[1]. Mais si Rome ne s'est pas faite en un jour, Saint-Martin-de-Crau n'est pas non plus devenue souveraine en un jour… C'est le 7 mars 1925 que la loi a été promulguée rendant ainsi la chose officielle. Mais il a fallu plus de quarante ans et franchir étapes et encombres pour que le processus puisse aboutir réellement.

L'historiographie concernant la commune est extrêmement réduite puisque seulement deux ouvrages traitent de la commune dans leur intégralité[2]. Le premier est *Entre steppe et oasis : Saint-Martin-de-Crau* de Félix Laffé qui, à travers les registres d'archives, propose une histoire générale depuis la période médiévale[3]. Le second est celui de Mireille d'Alvise intitulé *Saint-Martin-de-Crau. Le temps retrouvé* qui

---

[1] 13 558 en 2018 selon les données de l'Insee.
[2] Concernant la période médiévale, on peut se référer à l'ouvrage de Louis Stouff, *Arles au Moyen Âge finissant*, Aix-en-Provence, *Presses Universitaire de Provence*, 2014 dans le chapitre « La Crau dans la vie et l'économie d'Arles au bas Moyen Âge » p. 143-152.
[3] Félix Laffé, *Entre steppe et oasis : Saint-Martin-de-Crau*, Marseille, archives départementales des Bouches-du-Rhône, 1995.

montre, au-delà des évocations historiques, une volonté de mettre en avant le territoire avec ses traditions[4].

Le but de ce nouveau livre est de recentrer le sujet sur la façon dont le hameau s'est érigé en municipalité distincte. Les archives départementales conservent deux registres particulièrement intéressants pour le sujet (1 M 13 et 1 M 70), exclusivement dédiés à la commune cravenne et qui servent de base à la présente étude[5].

Après un rapide rappel historique intitulé « De Saint-Martin-de-La-Palud à Saint-Martin-de-Crau », les étapes qu'ont dû franchir la commune et ses habitants pour gagner leur indépendance sont abordées de façon chronologique :

- 1882-1884 : Un coup d'épée dans l'eau.

- 1902-1904 : Les Saint-Martinois ne s'avouent pas vaincus.

- 1912-1914 : Les choses se mettent enfin en place.

- 1918-1925 : La concrétisation définitive du projet.

---

[4] Mireille d'Alvise, *Saint-Martin-de-Crau. Le temps retrouvé*, éditions équinoxe, Saint-Rémy-de-Provence, 2014.

[5] Bien que la richesse de Saint-Martin-de-Crau, comme l'indiquent le blason de la commune et sa devise « *In fortuna pascuis* », la fortune dans le pâturage, soit essentiellement liée au pastoralisme, la question n'est pas traitée dans cet ouvrage. Sur ce sujet, voir Sandrine Krikorian, *Bergers et moutons de la Crau à l'alpe. Pastoralisme ovin et transhumance de la Préhistoire à nos jours*, Préface de Régis Bertrand, Paris, BoD, 2021.

De Saint-Martin-de-La-Palud à Saint-Martin-de-Crau

Située dans la dernière steppe semi-aride d'Europe, l'actuelle commune de Saint-Martin-de-Crau était tout d'abord connue sous le nom de Saint-Martin-de-La-Palud[6]. C'est sous ce nom qu'on la trouve dans les registres d'archives, notamment dans la donation faite par Guillaume, comte de Marseille, au chapitre de l'église d'Arles en 1052.

Le fonds de la Cour des comptes de Provence conserve une charte dont le texte du 8 juin 1258 s'avère le plus ancien document parvenu jusqu'à nous, avec la mention « sancti Martini de Palude maiori », autrement dit Saint-Martin-de-la-Palud majeure.

À cette époque, une enceinte entoure le bourg :

> « Saint-Martin paraît être une localité entourée d'une enceinte, avec plusieurs rues, une maison seigneuriale importante (plusieurs pièces, un cellier, plusieurs greniers, une prison). L'église possède les ornements sacerdotaux, les instruments liturgiques et les livres nécessaires à la célébration de l'office divin.[7] »

---

[6] Ce rapide rappel historique est un résumé de l'ouvrage publié par les archives départementales des Bouches-du-Rhône, *Entre steppe et oasis : Saint-Martin-de-Crau, op. cit.* auquel on peut donc se référer pour de plus amples informations.

[7] Louis Stouff, *Arles au Moyen Âge finissant, op. cit.*

Dans le premier quart du XIVème siècle, Saint-Martin-de-La-Palud abrite entre 160 et 200 personnes. Mais survient la grande période de troubles du siècle (guerre, peste, famine) durant laquelle le territoire est déserté pour ne réapparaître dans les textes à partir de 1348.

C'est au XVème siècle qu'une légère activité est à nouveau perceptible avec seulement cinq maisons particulières, un four à tuiles et trois mas, selon une enquête réalisée en 1469.

Au début du XVIème siècle, l'activité reprend et on trouve même une ordonnance de police datée de 1526[8]. Ce siècle est aussi celui de la création du canal de Craponne, dont la construction a été décidée en 1554, changeant ainsi pour la première fois la physionomie de la plaine de la Crau depuis sa création[9].

Le nom de Saint-Martin-de-La-Palud est encore usité au siècle suivant comme l'atteste un texte du

---

[8] Ce règlement de police, conservé aux archives départementales, a été publié : *Ourdonanço de pouliço de Saint-Martin-de-Crau pèr Maurìci Raimbault Cabiscò de l'escolo de Lerin*, Mount-Pelié, Empremarié central dóu Meijour, 1891.

[9] Sur le canal de Craponne, on peut se référer aux travaux de Marylène Soma-Bonfillon, auteur d'une thèse de doctorat sur ce sujet et qui a publié un livre intitulé *Le Canal de Craponne. Un exemple de maîtrise de l'eau en Provence occidentale 1554-1954*, Presses Universitaires de Provence, Aix-en-Provence, 2007. Concernant l'évolution de la physionomie de la plaine de la Crau, voir Sandrine Krikorian, *Bergers et moutons de la Crau à l'alpe. op. cit.*

3 juin 1624 concernant l'église primitive où est mentionné « Saint Martin de la Pallun ».

Sans pouvoir dater avec précision l'évolution lexicographique du nom du hameau qui faisait alors partie de la ville d'Arles, on trouve la dénomination de Saint-Martin-de-Crau dans une visite pastorale du 22 septembre 1743 :

> « L'an mil sept cent quarante trois et le vingt deuxième septembre nous, Jacques Bonne & pour faire la visite de l'Église paroissiale de Saint-Martin-de-Crau, indiquée audit jour à huit heures du matin par notre Mandement daté du vingt huit août précédent, où étant arrivés, nous serions descendus devant l'hôtellerie du Sieur Roboly pendant le bruit des boëtes et de la mousqueterie, et nous y serions fait revêtis de nos habits pontificaux[10] ».

Au début du XIXème siècle, le hameau est surtout composé de mas disséminés et de bergeries isolées ainsi que l'indique le cadastre napoléonien de 1828, qui va d'ailleurs servir à circonscrire les limites de la commune lorsque celle-ci devient indépendance.

C'est réellement au XIXème siècle que le bourg se dote de nouveaux bâtiments lui permettant d'avoir les institutions nécessaires pour devenir une commune distincte.

Ainsi, une première école communale de garçons est créée en 1838 et une deuxième l'est à Caphan vers 1865. Par ailleurs, le bureau de poste est ouvert le 1er décembre 1839. La même année voit la construction

---

[10] Archives communales d'Arles, GG 115 : Visite pastorale 22 septembre 1743 à Saint-Martin-de-Crau.

d'un premier bâtiment destiné à la gendarmerie, dont le corps créé le 31 décembre 1798 a été supprimé à plusieurs reprises avant d'être de nouveau rétabli à partir de 1850.

Quant à l'église primitive, elle est reconstruite sur les plans du fameux architecte arlésien, Auguste Véran, entre 1867 et 1873, dans un style néo-roman[11].

Essentiellement riche de son agriculture avec prioritairement son activité pastorale, à la toute fin du XIXème siècle, la commune s'ouvre à l'industrie avec la création d'une usine dans le quartier de La Dynamite, l'EPC ou Société Anonyme d'Explosifs et Produits Chimiques.

---

[11] Auguste Véran (1839-1927) est un architecte ayant travaillé principalement à Arles et dans ses environs. Il est aussi inspecteur des travaux des Monuments historiques de département. À Saint-Martin-de-Crau, il a également réalisé l'école entre 1864 et 1867.

1882-1884 : Un coup d'épée dans l'eau

Le 1er octobre 1882, une pétition est envoyée au Ministre de l'Intérieur en demandant l'érection en commune distincte de plusieurs localités appartenant à Arles et souhaitant être regroupées sous le nom de Saint-Martin-de-Crau[12]. Sont indiqués les noms des hameaux ainsi que le nombre d'habitants :

- Saint-Martin-de-Crau : 400 habitants
- Caphan : 300 habitants
- Mas de Payan : 100 habitants
- Vergières : 150 habitants
- Le Mouton : 100 habitants
- Braïs et Valignette : 50 habitants[13].

À la fin du texte, les distances depuis les diverses localités sont également indiquées dans un encadré :

- De Mouton à Arles 14 kilomètres
- De Saint-Martin-de-Crau à Arles 16 kilomètres
- De Caphan à Arles 18 kilomètres

---

[12] Archives départementales des Bouches-du-Rhône. 1 M 13. Saint-Martin-de-Crau. Pétition du 1er Octobre 1882.
[13] Le nombre de résidents s'élève donc à 1 100 personnes. *Idem.* Dans une lettre du 26 Juillet 1883, on apprend que la population de la localité est précisément de 1 092 habitants. *Idem.* Lettre du sous-préfet au préfet du 26 juillet 1883.

- De Vergières à Arles 20 kilomètres
- De Payan à Arles 26 kilomètres
- De Braïs à Arles 37 kilomètres
- De Valignette à Arles 40 kilomètres.

Les raisons invoquées pour cette demande sont en tout premier lieu liées à la distance séparant chaque localité du centre de l'agglomération arlésienne. À cela, il faut ajouter le manque d'officiers ministériels, l'obligation de se rendre à Arles même pour les mariages ou certaines démarches administratives comme la conscription, causant ainsi une perte de temps pour les activités agricoles[14].

Le 16 janvier 1883, le ministre de l'Intérieur envoie un courrier au Préfet à qui il demande d'examiner la demande faite à la suite de cette pétition[15].

Dans sa lettre du 12 mai 1883 à destination du préfet des Bouches-du-Rhône, le sous préfet explique pourquoi, selon lui, il est inutile de donner suite à cette demande, dont les motifs lui semblent « assez peu concluants »[16]. Une lettre écrite le 21 juillet 1883 permet de comprendre quelles sont les raisons de son refus, car il y fait référence à une circulaire ministérielle datée du 2 août 1880[17] :

---

[14] La conscription est l'inscription sur les rôles de l'armée des jeunes hommes ayant atteint l'âge requis pour le service militaire.
[15] Archives départementales des Bouches-du-Rhône. 1 M 13. Saint-Martin-de-Crau. Lettre du ministre de l'Intérieur au préfet du 16 janvier 1883.
[16] *Idem*. Lettre du sous-préfet au préfet du 12 mai 1883.
[17] *Idem*. Lettre du sous-préfet au préfet du 21 juillet 1883.

Et Saint-Martin-de-Crau devint indépendante… (1882-1925)

« Monsieur le Préfet, le Conseil d'État, saisi de l'examen de divers projets de lois ou décrets tendant à la création de nouvelles communes, s'est ému du nombre toujours croissant de ces sortes de demandes et il a émis sur plusieurs d'entre elles des avis de rejet, s'inspirant en cela de l'ancienne jurisprudence administrative et des intentions formelles du législateur, qui veulent qu'on ne touche aux circonscriptions existantes qu'avec la plus grande circonspection et alors seulement que des nécessités impérieuses l'exigent.

Je crois donc nécessaire de vous rappeler les règles qui doivent en cette matière vous servir de guide et qui, dans ces dernières années, paraissent avoir été quelquefois perdues de vue.

Les motifs le plus souvent invoqués à l'appui des demandes de séparation, sont l'éloignement du chef-lieu, la difficulté des communications, la gêne qui en résulte dans la fréquentation des écoles ou l'accomplissement des devoirs civils et religieux, l'inégale répartition des ressources communes entre les diverses sections, enfin les dissensions locales rendant difficile la vie administrative entre les diverses sections d'une même commune.

Or, il peut être, dans une certaine mesure, remédié aux inconvénients de la distance par l'institution d'écoles de hameaux et un bon réseau de chemins vicinaux. La création de chapelles vicariales peut également, dans certains cas, être encouragée, mais à la condition que les intéressés ne s'en fassent pas plus tard un titre pour revendiquer l'autonomie civile. Lorsqu'il est ainsi pourvu aux besoins scolaires et religieux et que les habitants ne sont plus astreints qu'aux déplacements qu'exigent les déclarations à l'état civil, ils ne peuvent plus sérieusement se plaindre de l'éloignement. La loi permet d'ailleurs, vous le savez, lorsque les communications entre le chef-lieu communal et une des sections sont difficiles, dangereuses ou momentanément impossibles, d'instituer pour la section un adjoint spécial chargé de la tenue des registres de l'état civil et de l'exécution des règlements de police.

Si la section se plaint de n'être pas équitablement traitée, vous pouvez, en provoquant la division en section électorales, lui assurer une juste représentation au sein du conseil municipal. Les pouvoirs que la législation vous confie en matière de budget, vous permettent aussi d'empêcher que les ressources communes ne soient employées au profit exclusif d'une section.

Les dissensions en quelque sorte séculaires, qui affligent certaines communes et servent de prétexte à des demandes de séparations, sont difficiles à éviter, car les causes n'en sont pas toujours connues. Il vous appartient d'apprécier si elles sont de nature à justifier une procédure en création de commune.

Il est un cas où l'établissement d'un nouveau centre administratif se justifie, c'est quand une agglomération de population se forme sous l'empire de faits économiques nouveaux tels que l'établissement d'une grande industrie, d'un chemin de fer, d'un port, entraînant avec eux des besoins nouveaux. Dans cette hypothèse, l'érection en commune du centre nouvellement créé peut avoir des avantages sérieux pour les populations.

Il résulte aussi de la jurisprudence qui tend à prévaloir devant le Conseil d'État, que la création de communes comprenant un petit nombre d'habitants n'aurait pas de chance d'être approuvée. Il y a lieu de penser qu'en général un groupe de moins de 5 à 600 habitants se verrait refuser l'érection en commune.

C'est dans cet esprit que vous devrez examiner les demandes de créations de communes qui vous seraient adressées et intervenir au besoin devant le conseil général. »

La réponse n'avait toujours pas été donnée aux pétitionnaires[18]. Le refus officiel est enfin indiqué clairement suite à une demande du sous-préfet du 1er avril 1884 en se référant au rapport du 12 mai 1883[19].

---

[18] Le 27 mars 1884, une lettre de Rouchou (que l'on trouve écrit indifféremment Rouchou ou Rouchoux), adjoint spécial à Saint-Martin-de-Crau, relance le sujet.

[19] *Idem*. Note interne du sous-préfet invitant à annoncer la réponse négative à monsieur Rouchoux du 1er avril 1884.

Et Saint-Martin-de-Crau devint indépendante… (1882-1925)

Cette tentative avait certes avorté, mais les habitants des hameaux retentèrent leur chance à l'orée du nouveau siècle.

1902-1904 : Les Saint-Martinois ne s'avouent pas vaincus

L'idée ressurgit donc. Mais cette fois-ci, la future commune de Saint-Martin-de-Crau n'est pas la seule concernée par cette demande : Mas-Thibert, Moulès, Raphèle et Salin-de-Giraud le sont aussi, comme on le constate à la lecture de plusieurs documents d'archives.

Dans le rapport d'une délibération du conseil municipal, Sixte Quenin explique d'abord que la commune d'Arles est la plus grande de France (103 050 hectares), ce qui correspond à près de la moitié de l'arrondissement (229 390 hectares) et qu'il s'agit-là d'une situation exceptionnelle. Sur ce territoire, huit à dix communes subissent les inconvénients de cette situation qu'il qualifie d'anormale et souhaite voir les choses changer.

Pour cela, il développe son argumentaire en commençant d'abord par la question des ressources financières et du budget dont la répartition nuit tout particulièrement aux sections rurales.

Il continue en expliquant les désagréments causés par les démarches administratives que les habitants de ces différentes localités doivent faire en se rendant sur Arles.

Il pointe également du doigt le problème de la centralisation, occasionnant ainsi une perte de temps et des frais inutiles.

Il met enfin en exergue le problème démocratique que cela pose :

> « Dans certaines agglomérations le candidat qui obtient la majorité, se trouvant sur la liste qui a la minorité dans l'ensemble de la commune, cette agglomération se voit représentée au conseil municipal par un citoyen contre qui elle a voté en majorité. Puis si les intérêts d'une agglomération se trouvent pour une raison quelconque en conflit soit avec les intérêts, soit avec les opinions de la majorité que s'est affirmée dans l'ensemble de la commune, cette agglomération peut se voir sacrifier.[20] »

Quelques mois après, une autre séance du conseil municipal fait référence à la délibération prise le 29 mars lors de laquelle aucune solution n'a été trouvée.

Le même Sixte Quenin parle du retard, imputable selon lui au préfet qui tarde à ordonner l'enquête devant être prescrite, conformément à l'article 3 de la loi du 5 avril 1884[21].

En effet, cet article de loi stipule que :

> « Toutes les fois qu'il s'agit de transférer le chef-lieu d'une commune, de réunir plusieurs communes en une seule, ou de distraire une section d'une commune, soit pour la réunir à une autre, soit pour ériger en commune séparée, le préfet prescrit dans

---

[20] Archives départementales des Bouches-du-Rhône. 1 M 13. Saint-Martin-de-Crau : Séance du conseil municipal d'Arles du 29 mars 1902

[21] *Idem.* Séance du conseil municipal du 23 août 1902.

les communes intéressées une enquête sur le projet en lui-même et sur ses conditions.

Le Préfet devra ordonner cette enquête lorsqu'il aura été saisi d'une demande à cet effet, soit par le conseil municipal de l'une des communes intéressées, soit par le tiers des électeurs inscrits de la commune ou de la section en question. Il pourra aussi l'ordonner d'office.

Après cette enquête, les conseils municipaux et les conseils d'arrondissement donnent leur avis, et la proposition est soumise au conseil général. »

Une lettre du sous-préfet au préfet du 7 octobre 1902 propose la nomination des enquêteurs pour chaque section demandant à devenir une commune distincte. Concernant Saint-Martin-de-Crau, c'est Marius Ibrahim, négociant, qui est proposé[22].

En retour de réponse, le préfet indique dans sa lettre du 28 octobre qu'il souhaite voir d'abord dresser les plans des futures communes et que ceux-ci soient joints au dossier de l'enquête « afin que tous les intéressés puissent avoir une connaissance exacte du projet et soient en mesure de présenter utilement leurs observations.[23] »

La fameuse enquête est lancée et le 1er décembre 1902 et le procès-verbal de ladite enquête est faite par Marius Ibrahim qui se déclare favorable. Il mentionne 59 personnes ayant protesté, non pas contre le projet en lui-même, mais contre les limites de la ville qui sont proposées,

---

[22] *Ibidem*. Lettre du sous préfet en date du 7 octobre 1902.
[23] *Ibid*. Lettre du préfet en date du 28 octobre 1902.

> « alléguant que les propriétés de Perrot, de Taulière et de Mas de Granier ont toujours fait partie de Saint-Martin-de-Crau et, comme telles, doivent être englobées dans le tracé de l'enquête, rectifié suivant la présente indication.[24] »

À la suite de l'enquête, le conseil municipal se réunit pour délibérer de nouveau. Les protestations émises par les habitants concernant les limites de Saint-Martin-de-Crau (mais aussi de Moulès), selon la Commission du Contentieux, ne doivent pas être prises en considération pour deux raisons. La première est que

> « les propriétés citées n'ont pas plus à faire partie du territoire de Saint-Martin-de-Crau que de celui de Moulès puisque la totalité du territoire des communes à ériger appartient actuellement non pas à telle ou telle autre section mais à l'ensemble de la commune d'Arles.[25] »

La seconde concerne l'argument mettant en avant le transport des marchandises à la gare de Saint-Martin-de-Crau. Là encore, la commission estime qu'il n'est pas recevable « car l'on voit fréquemment des propriétés situées dans le territoire d'une commune faire leurs transports à une gare qui n'est pas celle de leur commune », et donne l'exemple de Fourques qui, autant pour le trafic de voyageurs que de marchandises, est souvent en lien avec la gare Arles[26].

---

[24] Archives départementales des Bouches-du-Rhône. 1 M 70. Saint-Martin-de-Crau : Procès-verbal du 1er décembre 1902.

[25] Archives départementales des Bouches-du-Rhône. 1 M 13. Saint-Martin-de-Crau : Séance du 12 décembre 1903.

[26] *Idem.*

Pendant près d'un an, il ne semble pas y avoir, du moins dans les registres consultés pour la présente étude, de documents concernant l'évolution de l'affaire.

Cependant, le 26 novembre 1903, une lettre du maire d'Arles au Préfet indique que le dossier a été renvoyé pour être examiné auprès de la Commission du Contentieux et que la réponse est toujours en souffrance[27].

Enfin au début de l'année 1904, le Préfet envoie un courrier au sous-préfet pour l'informer que le dossier reçu est incomplet[28].

Qu'à cela ne tienne : les Saint-Martinois ne s'avouent toujours pas vaincus pour autant. Ainsi, le 12 juin 1904, une élection de trois membres pour une commission syndicale a lieu dans la salle de l'école de Saint-Martin-de-Crau[29].

Les 256 votants ont élu :

- Justin Chaulet, propriétaire, 58 ans avec 250 voix.

- Théophile Quenin, propriétaire et conseiller municipal, 38 ans, avec 250 voix.

- Marius Benoît, négociant en fromages, 56 ans, avec 243 voix.

---

[27] *Idem*. Lettre du maire d'Arles du 26 novembre 1903.
[28] *Idem*. Lettre du 24 janvier 1904 du Préfet au Sous-préfet.
[29] *Idem*. Élection de 3 membre pour la nomination de commissions syndicales Procès-verbal des opérations de l'Assemblée électorale de la section Saint-Martin-de-Crau de la commune d'Arles du 12 juin 1904.

Et Saint-Martin-de-Crau devint indépendante… (1882-1925)

Les documents conservés dans les registres consultés ne donnent pas davantage d'informations sur les détails de l'échec ou de la mise en suspens de cette demande qui sera réitérée par les futurs Saint-Martinois une dizaine d'années après.

1912-1914 : Les choses se mettent enfin en place

Dans la délibération de la séance du conseil municipal du 9 novembre 1912, Léon Michaud, adjoint spécial, présente une pétition adressée au préfet du département des Bouches-du-Rhône visant à faire de Saint-Martin-de-Crau une commune distincte[30]. Il y demande une enquête *commodo et incommodo*[31].

Les raisons invoquées sont celles déjà présentées dans les demandes précédentes, à savoir la distance (entre 14 et 40 kilomètres selon les endroits), le manque d'officiers ministériels pour les ventes et les successions, l'obligation de se rendre sur Arles pour les mariages, la conscription et le paiement des contributions, entraînant ainsi des pertes de temps préjudiciables au rendement agricole.

Cependant, de nombreux points positifs pouvant être portés au crédit de la future commune sont cette fois-ci mis en avant.

---

[30] Archives départementales des Bouches-du-Rhône. 1 M 70. Saint-Martin-de-Crau : Séance du conseil municipal en date du 9 novembre 1912.
[31] En droit, il s'agit d'une enquête ouverte par l'Administration réalisée dans le but de déterminer les avantages et les inconvénients d'un projet.

Et Saint-Martin-de-Crau devint indépendante… (1882-1925)

La liste des atouts de la future commune est ainsi dressée :
- un bureau d'état-civil,
- deux écoles de garçons,
- deux écoles de filles,
- un bureau de poste, télégraphe et téléphone,
- une recette buraliste,
- deux bureaux de tabac,
- une église,
- un abattoir,
- un cimetière,
- une gendarmerie,
- un syndicat agricole,
- une caisse de crédit agricole mutuelle,
- une usine de dynamite,
- une usine d'engrais organiques,
- deux médecins,
- un pharmacien,
- quatre boucheries,
- cinq épiceries,
- cinq boulangeries,
- dix cafés,
- deux gardes-champêtres,

- la desserte d'une gare, proche de la ligne P.L.M.[32]

Le 4 juin 1913, la demande d'enquête *commodo et incommodo* est réitérée auprès du préfet dans une lettre reprenant les mêmes arguments[33].

Le même jour, l'arrêté suivant est pris :

> « ART. I – Une enquête est ouverte, dans la commune d'Arles, sur le projet d'érection en commune des Hameaux de Saint-Martin-de-Crau, Caphan, Mas de Payan, Vergières, la Dynamite, le Mouton, Brais et Valignette présenté par plus d'un tiers des électeurs inscrits dans ces hameaux.
>
> ART. 2 – Cette enquête sera faite dans les formes indiquées par la circulaire du 20 Août 1825, elle aura pour objet d'appeler les habitants et les propriétaires intéressés à émettre leur avis, tant sur la demande d'érection, que sur le projet de délimitation communale et de la division des biens communaux.
>
> ART. 3 – L'enquête, préalablement annoncée le dimanche 15 Juin 1913 à son de trompe, ou de caisse, et par voie d'affiches apposées, aux lieux accoutumés de la commune, aura lieu du 22 Juin 1913 au 6 Juillet 1913. Pendant toute sa durée, le dossier composé de la pétition et du plan ci-annexés, demeurera déposé à la mairie d'Arles, où toute personne pourra en prendre connaissance, sans déplacement.
>
> ART. 4 – M. DESAMBLANC, Greffier de justice de Paix, est nommé Commissaire enquêteur, pour recevoir l'enquête ci-dessus définie. À cet effet, M. Désamblanc recevra, le 7 Juillet 1913, de 10 heures à midi, et de 2 heures à 5 heures du soir, les dires et observations des personnes qui se présenteront. Mêmes formalités seront renouvelées aux mêmes heures le lendemain, 8 juillet, au bureau de l'Etat-civil de Saint-Martin-de-Crau et il sera dressé procès-verbal de ces opérations.

---

[32] *L'Indicateur marseillais* donne des précisions sur les infrastructures publiques et privées (annexe 1).
[33] Archives départementales des Bouches-du-Rhône. 1 M 70. Saint-Martin-de-Crau : Lettre du 4 juin 1913. On y apprend que la commune possède aussi un abattoir.

ART. 5 – Le procés-verbal de l'enquête auquel seront annexées toutes pièces remises par les intéressés au cours de l'enquête, devra être clos à cette dernière date. Il sera transmis par M. le Commissaire enquêteur, qui se complétera par son avis motivé à M. le Sous-Préfet d'Arles.

ART. 6 – M. le Sous-Préfet d'Arles et M. le Maire d'Arles sont chargés, chacun en ce qui le concerne, de l'exécution du présent arrêté.[34] »

Le 9 juillet 1913, le procès-verbal est dressé et le commissaire-enquêteur ne constate aucune réclamation ni protestation d'aucune sorte contre le projet[35]. Il émet donc un avis favorable en mettant en avant les inconvénients énoncés par les pétitionnaires et argumente positivement pour la réalisation du projet en s'appuyant sur l'ampleur croissante du hameau et sur sa production agricole inexorable, auxquelles il faut ajouter la présence de toutes les infrastructures et commodités tant publiques que privées nécessaires à toute érection en commune souveraine[36].

Ce premier avis favorable étant donné, le préfet prend un autre arrêt en vue de la création d'une commission syndicale composée de trois membres devant également se prononcer sur le projet[37].

Le vote a lieu le dimanche 26 octobre 1913, à la suite duquel ont été élus, dès le premier tour[38] :

- César Bernaudon, agriculteur, âgé de 45 ans, avec 257 voix.

---

[34] *Idem.* Arrêté du 4 juin 1913
[35] *Idem.* Procès-verbal du 9 juillet 1913.
[36] *Idem.* Avis du commissaire-enquêteur du 10 juillet 1913.
[37] *Idem.* Arrêté préfectoral du 3 octobre 1913.
[38] Sur les 468 électeurs inscrits, 264 ont voté.

- Calixte Raibaud, propriétaire, âgé de 45 ans, avec 256 voix.

- Léon Michaud, négociant, avec 253 voix[39].

Les trois hommes sont respectivement nommés secrétaire, président et trésorier de la commission syndicale.

La commission rend un avis favorable en se fondant sur plusieurs arguments[40]. Le premier est celui du nombre de signatures de la pétition, soit 434, ce qui représente la très grande majorité des électeurs.

Elle ajoute également que cette demande d'érection en commune distincte n'est pas faite pour la première fois.

Elle liste aussi et de nouveau les inconvénients et les avantages, en concluant que non seulement « la future commune réunira toutes les ressources nécessaires pour pouvoir assurer son bon fonctionnement ; [le pays étant] en progrès constants comme agriculture, commerce et industrie » mais aussi que « les limites tracées sur le plan, ci-annexé, donnent satisfaction aux habitants, tout en conservant intactes les parcelles englobées figurant au plan cadastre ; et que ces limites sont parfaitement définies par des chemins ou des canaux d'irrigation.[41] » La question est par la suite mise en délibération auprès du conseil municipal.

---

[39] L'âge n'est pas indiqué.

[40] Archives départementales des Bouches-du-Rhône. 1 M 70. Saint-Martin-de-Crau : Avis de la commission syndicale du 12 Décembre 1913

[41] *Idem*, Séance du conseil municipal du 20 décembre 1913.

Peu de temps après, la Première Guerre mondiale éclate, suspendant ainsi pendant un temps le projet qui reprend dès la sortie de la guerre pour aboutir cette fois-ci de façon ferme et définitive.

1918-1925 : LA CONCRÉTISATION DÉFINITIVE DU PROJET

Au lendemain de la Première Guerre mondiale, le projet d'érection de Saint-Martin-de-Crau en commune indépendante refait très rapidement surface ainsi que l'atteste une lettre en date du 18 décembre 1918 :

> « L'instruction de cette affaire commencée en 1914 a été interrompue et tenue en suspens à cause de la déclaration de guerre. Il y aura lieu, sans doute, de la reprendre actuellement, mais il importerait avant de la pousser plus loin de savoir au préalable si les conditions municipales et les dispositions des intéressés n'ont pas été modifiées par les événements.[42] »

Plus le projet avance, plus il suscite l'adhésion au sein même des administrations. Ainsi, dans une délibération du conseil municipal, le rapporteur Jules Millaud indique qu'il serait profondément injuste et cruel de ne pas donner suite au projet :

> « Par principe et besoin de décentralisation, il faut, étant données les ressources de cette population, lui permettre de s'administrer. Telle est d'ailleurs, Messieurs, l'opinion du Conseil Municipal d'Arles maintes fois renouvelée.[43] »

---

[42] Archives départementales des Bouches-du-Rhône. 1 M 70. Saint-Martin-de-Crau : Lettre du sous-préfet du 18 décembre 1918.
[43] *Idem.* Séance du conseil municipal du 11 mai 1920.

Une attention particulière est portée aux données cadastrales, ainsi que l'indique le rapport de l'agent voyer canton :

> « Pour les chemins vicinaux ordinaires nous avons 1°) Le V. O. n° 11 dit « d'Istres » ayant une longueur de 7 300 mètres, entre l'I.C. n°30 et le mas de l'aqueduc ; 2°) Le V.O. n°43 dit du « Mas du Cura aux Poulagères », entre la G.C. 4 et la limite de la commune d'Istres, soit une longueur totale de 9 020 mètres. Pour ce dernier, la partie comprise entre les Poulagères et la limite de la commune d'Istres, n'est pas indiquée sur les plans.
>
> En ce qui concerne les chemins ruraux, il y aurait lieu de soumettre le dossier à la vérification de la voierie municipale.
>
> D'autre part, nous croyons devoir signaler les observations suivantes faites en comparant le plan ci-joint avec le cadastre
>
> I) La partie comprenant le mas de Perre [Pernes], teinté en violet et porté à tort comme étant dans la feuille ab11 est en réalité comprise dans la feuille cadastrale Z2.
>
> II) La même feuille ab 11 qui a été morcelée par l'établissement de la limite projetée, s'étend jusqu'à St Hippolyte où elle est très bien délimitée par les chemins G.C. et I.C 29.
>
> III) L'échelle de 1/40 000 portée sur les plans sus visés n'est pas exacte, il faut lire 1/60 000.[44] »

Des rectifications concernant les limites de la commune sont également proposées en se fondant sur les dires du directeur des Contributions directes et sur les observations du Contrôleur d'Arles (27 juillet 1919) :

> « Pour obvier aux observations (b) (c) (d) de M le Contrôleur, le Président et le Trésorier de la commission syndicale ont à nouveau parcouru le terrain indécis et remarqué que des limites naturelles, qui coïncident avec les parcelles cadastrales, pouvaient être prises en remplacement de celles déjà présentées.

---

[44] *Idem*. Rapport de l'agent voyer cantonal du 2 juillet 1919.

Elles seraient constituées par la démarcation du fossé d'arrosage dit du « *coussoul* », qui a son origine dans le canal de Craponne et se continue jusqu'à la roubine de la Chapelette.

L'adoption de cette limite est d'autant plus logique qu'elle diffère très peu de celle précédemment indiquée ; que ce fossé d'arrosage est longé sur son côté est par une draille qui se prolonge jusqu'à la Chapelette, depuis le chemin d'IC n°28 et qu'en outre ce fossé limite toutes les parcelles cadastrales le bordant.

Pour cela, il y aurait lieu d'ajouter au tableau n°1 (numéros des parcelles englobées par la future commune), les parcelles de la feuille Z2 situées à l'est du fossé.

À partir du point où la draille et le fossé atteignent la roubine, la limite est constituée par la Chapelette et la feuille Z1, jusqu'au chemin de Grande communication n 11. De ce chemin, la limite suit encore la Chapelette jusqu'à son intersection avec le chemin d'IC n°30, bordant la feuille 11 AB et la feuille 1 AC.

En résumé, comme cela a été déjà et actuellement maintenu, la roubine de la Chapelette forme limite dans son parcours, depuis le mas de Duc, sur sa rive gauche et dans la commune de Saint Martin, jusqu'à son intersection avec le chemin n°30. À partir de ce point, c'est le dit chemin n°30, faisant partie de la commune d'Arles, qui forme la limite de la future commune jusqu'à sa rencontre, dans la feuille n°25 AC, des limites de la commune de Fos.

En conséquence, la Commission syndicale élue propose et approuve les rectifications ci-dessus et l'énumération des parcelles de la feuille Z2 qui seront englobées dans la commune à créer.[45] »

La question des limites de la commune est également bien prise en compte par le sous-préfet :

« Au cas où ledit plan ne correspondrait pas à la délimitation envisagée, vous voudrez bien le faire rectifier et m'adresser les quatre exemplaires du plan ainsi rectifié, tous colorés de même

---

[45] *Idem*. Lettre du maire d'Arles du 17 janvier 1921.

façon. Je me réserve, à ce sujet, la faculté de vous adresser, le cas échéant, toutes directives utiles en ce qui concerne la suppression des enclaves existant dans la direction des communes d'Aureille et d'Eyguières.[46] »

Le 17 juin 1922, la commission syndicale se réunit pour établir des propositions quant à l'actif et au passif de la nouvelle commune, propositions qui vont être délibérées lors du conseil municipal deux jours plus tard.

Les biens immeubles d'usage public doivent rester à la commune sur laquelle ils sont situés. Ainsi, la commission estime que les écoles de Saint-Martin-de-Crau et de Caphan, le cimetière, l'église et le presbytère appartiendront à la nouvelle ville.

Il en est de même pour « les terrains communaux, hors lignes, carrières, et droits d'esplèche[47] ce droit étant entendu aux habitants de la commune d'Arles, qui n'exige aucune compensation pour l'abandon des dits biens.[48] »

La future commune gardant les écoles, la commission indique aussi qu'il est logique que ce soit elle qui supporte les annuités d'emprunts contractés pour la construction de ces édifices.

La question de l'école et de l'éducation a même fait l'objet d'un rapport de l'Inspection académique au

---

[46] *Idem*. Lettre du sous-préfet du 22 novembre 1921.
[47] Concernant le droit *d'esplèche* voir Paul Fassin, *Le droit d'esplèche dans la Crau d'Arles*, Aix, 1898.
[48] Archives départementales des Bouches-du-Rhône. 1M 70. Saint-Martin-de-Crau : Réunion de la commission syndicale du 17 juin 1922.

préfet[49]. L'organisation de la scolarité dans toutes les localités devant se regrouper dans la nouvelle commune est la suivante :
- À Saint-Martin-de-Crau même : deux écoles publiques, l'une pour les garçons et l'autre pour les filles, toutes deux à deux classes, ainsi qu'une école privée de filles à deux classes.
- À Caphan : une école publique pour les garçons et une pour les filles, toutes deux à une classe.
- À La Dynamite : une école mixte privée.

L'inspecteur estime que malgré l'érection de Saint-Martin-de-Crau en commune indépendante, il n'est pas nécessaire de prévoir de changement dans cette organisation scolaire car les élèves fréquentant ces écoles habitent justement le territoire appartenant à la future commune.

La question de la répartition des biens des pauvres est également abordée. Une lettre du ministre de l'Hygiène, de l'Assistance et de la Prévoyance Sociales au Préfet des Bouches-du-Rhône est, chronologiquement, le premier document conservé dans le registre d'archives (15 novembre 1921)[50].

---

[49] *Idem*. Rapport de l'Inspecteur d'Académie en résidence à Marseille du 18 avril 1921.
[50] *Idem*. Lettre du ministre de l'Hygiène, de l'Assistance et de la Prévoyance Sociales au Préfet des Bouches-du-Rhône du 15 novembre 1921.

Et Saint-Martin-de-Crau devint indépendante… (1882-1925)

Dans cette lettre, le ministre demande à ce que la commission administrative se prononce sur ce sujet en rappelant que le partage est censé se faire au prorata de la population municipale, selon la loi du 10 juin 1793 et la circulaire du 15 mai 1884.

Le 19 janvier 1922, la commission administrative du bureau de bienfaisance d'Arles a statué négativement sur le partage des biens avec les pauvres de la future commune en arguant que le but de cet établissement public est de venir en aide aux seuls Arlésiens et que les habitants de Saint-Martin-de-Crau, quittant volontairement la commune arlésienne, ne peuvent donc prétendre à une quelconque aide[51].

Néanmoins, une lettre du sous-préfet datée du 12 mai 1922 demande au maire d'Arles de reconsidérer d'urgence cette situation afin de statuer à nouveau en se conformant à la loi du 10 juin 1793, stipulant clairement que le bien des pauvres doit être distribué au prorata de la population.

Des objections restent émises par la commission qui considère que la grande majorité des futurs Saint-Martinois sont de prospères agriculteurs et fermiers n'ayant pas besoin d'aide et que la population arlésienne serait injustement privée.

La commission finit tout de même par décider le versement d'une somme de 2 000 francs « équivalent approximativement au capital dont le montant des distributions de

---

[51] *Idem.* Délibération de la commission administrative du bureau de bienfaisance de la ville d'Arles du 19 janvier 1922.

secours faites annuellement aux pauvres de cette section représente l'intérêt.[52] »

Une fois cette décision prise, le sous-préfet en réfère au préfet dans une lettre du 29 mai en lui notifiant qu'il lui « laisse le soin d'apprécier si les termes de la loi du 10 Juin 1793 laquelle porte que les biens des pauvres doivent, en principe[53], être partagés au prorata de la population permettent le mode de répartition envisagé par la nouvelle délibération.[54] »

Aucun document n'est conservé dans le registre d'archives avant la date du 10 juillet 1922. Le ministre de l'Hygiène, de l'Assistance et de la Prévoyance Sociales répond au ministre de l'Intérieur en demandant que, malgré les avis défavorables donnés par la commission administrative du bureau de Bienfaisance d'Arles (19 janvier et 24 mai 1922) ainsi que de celui du conseil municipal d'Arles (18 juin 1922), un article soit inséré dans le projet de loi à ce sujet : « Les biens des pauvres seront partagés proportionnellement à la population municipale des nouvelles communes, sous réserve des droits privatifs qui résulteraient d'actes de fondations.[55] »

Le projet se poursuit, mais non sans complications administratives, et ce malgré l'intervention du sénateur Benoît Bergeon qui en réfère directement au ministre de

---

[52] *Idem*. Délibération de la commission administrative du bureau de bienfaisance de la ville d'Arles du 24 mai 1922.
[53] Souligné dans le texte.
[54] Archives départementales des Bouches-du-Rhône. 1M 70. Saint-Martin-de-Crau : Lettre du sous-préfet au préfet du 29 mai 1922.
[55] *Idem*. Lettre du ministre de l'Hygiène, de l'Assistance et de la Prévoyance Sociales au ministre de l'Intérieur du 22 juillet 1922.

Et Saint-Martin-de-Crau devint indépendante… (1882-1925)

l'Intérieur, ainsi qu'en témoigne une lettre de ce dernier au préfet des Bouches-du-Rhône : « Mon attention venant d'être appelée d'une façon particulièrement pressante sur cette affaire par M. BERGEON, Sénateur, j'attacherais du prix à recevoir votre réponse dans le plus court délai possible.[56] »

Par ailleurs, des polémiques ainsi que des imbroglios politiques et journalistiques contribuent à retarder la concrétisation finale du projet, comme le prouve le texte publié par Calixte Raibaud dans le journal *Le Forum Républicain* du 3 mai 1924[57].

C'est enfin au mois de février 1925 que les choses s'accélèrent et, dans la séance du conseil municipal du 14 de ce mois, le vœu est émis : « que MM. les Sénateurs s'occupent activement de cette question et que nos élus fassent tout ce qui est en leur pouvoir pour l'aboutissement de cette juste revendication.[58] »

C'est finalement le 7 mars qu'est votée la loi faisant enfin de Saint-Martin-de-Crau une commune souveraine :

> « Loi divisant le territoire de la commune d'Arles (canton d'Arles-Est, arrondissement d'Arles, département des Bouches-du-Rhône) en deux communes distinctes dont les chefs-lieux seront fixés

---

[56] *Idem*. Lettre du Ministre de l'Intérieur à Monsieur le Préfet des Bouches-du-Rhône du 28 juin 1922.
[57] Le *Forum républicain* est un journal hebdomadaire de l'arrondissement d'Arles publié entre 1881 et, sans doute, 1935. L'intégralité du texte de Calixte Raibaud se trouve en annexe 2.
[58] Archives départementales des Bouches-du-Rhône. 1 M 70. Saint-Martin-de-Crau. Délibération du conseil municipal du 14 février 1925.

respectivement à Arles et à Saint-Martin-de-Crau et qui porteront respectivement les noms de ces deux localités.

Le Séant et la Chambre des députés ont adopté,

Le Président de la République promulgue la loi dont la teneur suit :

ARTICLE 1er : Le territoire de la commune d'Arles (canton d'Arles-Est, arrondissement d'Arles, département des Bouches-du-Rhône) est divisé en deux communes distinctes, dont les chefs-lieux sont fixés respectivement à Arles et à Saint-Martin-de-Crau et qui porteront respectivement les noms de ces deux localités.

ARTICLE 2 : La nouvelle commune de Saint-Martin-de-Crau figurée par les teintes jaune, violette, rose, verte, orangée et bleue sur le plan annexé à la présente loi, sera délimitée :

I° Au Nord, par les communes de Paradou, Maussane, Mouriès et Aureille ;

2° À l'Est, par les communes d'Eyguières, Salon, Grans et Istres ;

3° Au Midi, par la commune de Fos ;

4° À l'Ouest, par le chemin de grande communication N°30 depuis la commune de Fos jusqu'à la roubine de la Chapelette ; par la roubine de la Chapelette jusqu'au mas de Perne ; par le fossé des Trichaud de la Chapelette au canal de Craponne ; par la draille sise entre le canal de Craponne, en face du fossé des Trichaud, et le chemin d'intérêt commun N°26 jusqu'à la draille longeant la propriété de la Taulière ; par la draille longeant la propriété de la Taulière jusqu'à la limite de la commune de Paradou.

ARTICLE 3 : Sont considérés comme faisant partie de l'actif de la nouvelle commune de Saint-Martin-de-Crau les terrains communaux, hors lignes, carrière et droit d'esplèche, ce dernier droit étant étendu aux habitants de la commune d'Arles.

ARTICLE 4 : La nouvelle commune de Saint-Martin-de-Crau restera seule chargée du remboursement des annuités d'emprunts de 305 Frs 83 et 797 Frs 82 relatives aux écoles de Saint-Martin-de-Crau et de Caphan.

La commune d'Arles restera seule chargée du remboursement des autres emprunts contractés par elle.

ARTICLE 5 : Les dispositions qui précèdent recevront leur exécution sans préjudice des droits d'usage ou autres qui pourraient être respectivement acquis.

ARTICLE 6 : Les biens des pauvres seront partagés proportionnellement à la population municipale des nouvelles communes, sous réserve des droits privatifs qui résulteraient d'actes de fondations.

La présente loi, délibérée et adoptée par le Sénat et par la Chambre des députés, sera exécutée comme loi de l'Etat.

Fait à Paris, le 7 Mars 1925

Gaston Doumergue

Par le Président de la République

Le Ministre de l'Intérieur

Camille Chautemps.[59] »

C'est ainsi, qu'au terme de près de quarante-cinq ans, le petit hameau, abritant seulement quelques âmes pendant des siècles, est devenu indépendant en 1925, avec peu ou prou une population de 2 500 habitants.

Le parcours a été semé d'embûches et les aléas de l'Histoire (Première Guerre mondiale) ont retardé le projet qui a, envers et contre tout, fini par aboutir.

Et si, au départ, les demandes ont été rejetées par l'administration, à la fin, les choses ont changé ; le maire d'Arles considère d'ailleurs que même si Saint-Martin-de-Crau « est un des plus beaux fleurons de la commune d'Arles », il s'associe pleinement pour demander l'érection du hameau en commune indépendante[60].

---

[59] *Idem*. Loi du 7 mars 1925.
[60] *Idem*, Séance du 11 mai 1920.

ANNEXES

Annexe 1

L'*Indicateur marseillais* de 1913 donne les informations précises sur les localités de Saint-Martin-de-Crau mais aussi sur Caphan et Saint-Hippolyte.

CAPHAN

(à côté et dépendant de St-Martin) à 18 kilom. d'Arles, 450 habitants.

École communale laïque de garçons : Nardy, directeur.
 École communale laïque de filles : Coulet (D^{lle}), directr. ; Jodor (D^{lle}), sous-directrice.
 Bouchers : Lapeyre : Séguin, Jacques.
 Boulangers : Ayen, M ; Jauffret, R. ; Roustan.
 Café : Lapeyre ; Barthélémy ; Jauffret R. ; Roustant Jean.
 Charron : Carrut.
 Coiffeur : Brun, Alex.
 Comestibles : Geymet, Ant. ; Lieutaud, B. ; Plassy, Ant. ; Roustant ; Séguin, J.
 Grains : Geymet, A. ; Enaud, A.
 Menuisier : Brun, V.
 Messagers : Guy, Henri ; Roustan, Jean.
 Propriétaires et rentiers : Barthélémy, J. ; Bon, Ant. : Borel, Et. ; Calment, N. ; Chamanier, J. Dumas, L. fils ; Enaud, Et. ; Gaudin, P. ; Isoard, Jacq. ; Lemercier, Ant., Peyre, frères ; Petit, J. ; Rigaud ; Rouchon, A. ; Sinat, Auguste.

Et Saint-Martin-de-Crau devint indépendante… (1882-1925)

SAINT-HIPPOLYTE

à 12 kilom. d'Arles, 250 habitants.

Boulanger : Pin, A.
    Café : Agard.
    Comestibles : Barlatier, Albert ; Treillard, J.
    Courtier : Dumaine, Jean
    Fourrages : Pascal, J. et Tomassin.
    Maréchal-ferrant : Constant.
    Mercier : Barlatier, Albert.
    Propriétaires et rentiers : Autheman, Fçois ; Beau (Mme) ; Brun, J. (Vve) ; Grégoire, Simon ; Lavandet, J. ; Nicolas, Hri, Samuel, A.
    Hermitage : Reynaud, propriétaire

SAINT-MARTIN-DE-CRAU

À 17 kil. d'Arles. Train. P.-L.-M, ligne de Paris à Marseille, station à 2 kil. Poste – Télégraphe, 700 habitants.

État-civil : Michaud, Léon, adjoint spécial ; Bernaudon, César, conseiller municipal.
    Garde-champêtre, Chauvet, Daniel.
    Gendarmerie : (une brigade à cheval).
    Receveur buraliste : Laty, Joseph.
    École communale laïque de garçons : Cassa, directeur.
    École communale laïque de filles : Cheminade (Mme), directr.
    Postes et Télégraphes : Guillaumont, receveur.
    Culte catholique : Meynier, Firmin, desservant.
    Aubergistes : Fauque ; Mousset, Alphonse.
    Boissons gazeuses : Bonaventure, Siméon.
    Boucher-Charcutier : Mousset, Jacques.
    Boulangers : Caumont, J. ; Mollard, Henri ; Berton, Henri.
    Bourreliers : Estève ; Mousset.
    Cafés : Chaulet, Marius ; Mousset, P. ; Mousset, A.
    Charron : Chabaud, Ant.
    Chaussures : Sinard (Vve) ; Mistral, P.
    Coiffeur : Barthélémy, Jph.

Et Saint-Martin-de-Crau devint indépendante... (1882-1925)

Comestibles : Mistral, A. ; Mousset, Ch.
Cordonnier : Vedel, Th.
Courtiers : Benoît, Ant. ; Michaud, Pierre.
Débit de tabac : Laty, Joseph.
Dynamite : Usine d'explosifs à 4 kilomètres.
École libre de jeunes filles : Marthe Fageon (Dlle), directrice.
École libre de jeunes filles, quartier de la Dynamite ; Berthe Lombatin (Dlle), directrice.
Engrais : Balpe, Jean.
Ferblantier : Chabaud, J.
Fermiers : Barbier, J. ; Bard, V. ; Barthélémy, Joseph ; Bonnaud, A. : Bougeons, Marius ; Calvet ; Guigues, P. : Mistral, Jh ; Orange.
Fourrages : Benoît, Antoine ; Benoît, M. ; Michaud
Grains et Farines : Brun ; Berton, H. ; Mollard, Henri.
Journaux et bazar : Blanc (Mme)
Maçons : Coulomb, Jh ; Ferraud, Isidore, Latty, Jh.
Manades : Lescot, Joseph (domaine de Vergières) ; Laugier, Pierre (mas de Pilliers).
Maréchaux-ferrants : Barbier, S. ; Richaud, L.
Médecins (docteurs) : Barbaroux, Séguin.
Menuisiers : Fléchon, Jacques ; Parachini.
Merceries : Froment ; Mistral, P.
Propriétaire et rentiers : Alibert, A. ; Arnoux, H. ; Ayen, J. ; Barthélémy, J. Bernadon ; Berton, Jules ; Brun, Pierre ; Calixte, J. ; Chaulet, J. ; Espelly, Claude ; Lamouroux, C (Vve) ; Pillet, Et. ; Pillet, Jh ; Pillet, J. ; Quenin, H. ; Raibaud Calixte.
Société musicale : La Lyre de Saint-Martin, Bernaudon César, président ; Blanc, S., chef.
Tissus : Brun (Vve) ; Caumont, Angèle (Dlle)
Vins : Roux (représentant)
Voitures, Jacques, Marie.
Archimbault : Gitta, propriétaire
Les Amandiers : Durand, J., propriétaire.
Bonhomme : Docteur Valérian
Brays : Du Veyrier et De Lander, propriétaire.
Bretonne (de) : Henri Beau.
Chambonet : De Montaigu sœurs.
Euze (de l') : Denans, Léonce.

La Gardiole : Doutrelau (les hoirs)
Gouin : Raibaud, Calixte
Grands-Brahis : de Lander
Joyeuse-Garde : Mimbelli (Vve)
Laure (de) : Ch. Ferrari et marquis Aimeri d'Amboise, propriétaires.
Lieutenante : d'Inguimbert, propriétaire
Lion-d'Or : Vaton
Meyran : Martin, Jacques.
Olivier : Straforello (les hoirs).
Paul : vicomte de Gerfagnon.
Pernes : Mimbelli (Vve)
Pillier (Petit) : Mistral.
Raillon : De Courtois de Langlade (Vve)
Regardevenir : Quenin, Hilire
Rouvian : de Bermond
Samatane : baron de Samatan
Tapie-de-Bouchet : de Chattelier, propriétaire (Chapelette)
Taulière : A Jullien (Dlle), propriétaire
Vaquières : Mimbelli (Vve)
Vergières : de Mirman
Mas de Fray (aqueduc) : Bonnet d'Oléan, propriétaire.
Mas de Payan : comte de Lieutaud.
Mas des Pilliers (St-Laurent) : Gorde
Mas St-Claude : Jourdan et Saillard, propriétaire.

Annexe 2

Le Forum républicain, 3 mai 1924.

« À la population de Saint-Martin-de-Crau

Dans toutes les fêtes, dans tous les banquets où on a parlé de l'érection de Saint-Martin en commune, on a omis, volontairement ou involontairement, de rappeler qu'en l'année 1913, à la suite de l'arrêté préfectoral ordonnant qu'il fût pourvu à la nomination d'une commission syndicale, les électeurs convoqués le 26 octobre nommèrent à la grande majorité M.M. Calixte Raibaud, Léon Michaud et César Bernaudon.

La Commission élut M. Raibaud président.

Dès sa nomination, cette commission se met au travail et parvient à constituer tout un dossier contenant les pièces exigées par la loi.

Après avis favorable du Conseil Municipal de l'époque, ce dossier fut adressé à la Préfecture pour être présenté au Conseil Général, qui donna également un avis favorable.

La guerre éclate ; les affaires sont complètement arrêtées. Après quatre ans et demi, c'est-à-dire à la cessation des hostilités, la commission se réunit et adresse, le 14 octobre 1918, une lettre à M. le Préfet, afin qu'il poursuive le projet d'érection. Malheureusement, pendant cet interminable laps de temps, les pièces contenues au dossier, passant d'une administration à l'autre, s'égarèrent.

Il fallut recommencer.

Le 4 juin 1921, la Préfecture transmettait, avec avis favorable, le nouveau dossier au Ministère de l'Intérieur.

Après quelques mois, retour de ce dossier à la Préfecture, pour y être complété par la délibération du Conseil Municipal d'Arles du 5 mars 1922, ayant trait au partage de l'actif et du passif entre la future commune et celle d'Arles, partage approuvé par la Commission syndicale, à qui il est demandé en outre par le Ministère de donner différentes indications complémentaires et l'établissement d'un budget fictif.

Toutes ces formalités accomplies sont approuvées par le Ministre.

Enfin, le 17 décembre 1923, le député Courtiel, rapporteur, dépose, sur le bureau de la Chambre, le projet de loi érigeant Saint-Martin-de-Crau en commune. Ce projet a été accepté et doit maintenant être présenté au Sénat.

Ainsi la commission syndicale élue le 26 octobre 1913 proteste-t-elle avec la plus grande énergie contre les manœuvres rejetant dans l'ombre tout le travail effectuée par elle, travail fait sans bruit, en silence, sans discours, et dont les frais ont été supportés par ses membres.

Elle n'a jamais eu la pensée ni la mission de faire passer ce projet avant les élections générales municipales prochaines.

La Commission Syndicale réunie ce jour, 1er mai 1924, à cause des articles parus dans les journaux, décide que leur collègue Bernaudon n'a pas à donner sa démission de conseiller municipal à cause de la polémique néfaste créée autour de l'érection de Saint-Martin en commune.

Pour la commission :

Le Président

Calixte Raibaud. »

BIBLIOGRAPHIE

Sources manuscrites

1 M 13. Saint-Martin-de-Crau
(archives départementales des Bouches-du-Rhône)
1 M 70. Saint-Martin-de-Crau
(archives départementales des Bouches-du-Rhône)

Sources imprimées

Bulletin officiel.
Le Forum républicain.
L'Indicateur marseillais.

Études

ALVISE Mireille d', *Saint-Martin-de-Crau. Le temps retrouvé*, éditions équinoxe, Saint-Rémy-de-Provence, 2014.

KRIKORIAN Sandrine, *Bergers et moutons de la Crau à l'alpe. Pastoralisme ovin et transhumance de la Préhistoire à nos jours*, Préface de Régis Bertrand, Paris, BoD, 2021.

LAFFÉ Félix, *Entre steppe et oasis : Saint-Martin-de-Crau*, Marseille, archives départementales des Bouches-du-Rhône, 1995.

STOUFF Louis, *Arles au Moyen Âge finissant, Aix-en-Provence*, Presses Universitaires de Provence, 2014.

Tables des matières

PRÉSENTATION GÉNÉRALE 5
DE SAINT-MARTIN-DE-LA-PALUD À SAINT-MARTIN-DE-CRAU 7
1882-1884 : UN COUP D'ÉPÉE DANS L'EAU 11
1902-1904 : LES SAINT-MARTINOIS NE S'AVOUENT PAS VAINCUS 17
1912-1914 : LES CHOSES SE METTENT ENFIN EN PLACE 23
1918-1925 : LA CONCRÉTISATION DÉFINITIVE DU PROJET 29
ANNEXES 39
    Annexe 1 39
    Annexe 2 42
BIBLIOGRAPHIE 45
    Sources manuscrites 45
    Sources imprimées 45
    Études 45
TABLES DES MATIÈRES 47

LIVRES DU MÊME AUTEUR

AUTEUR PRINCIPAL

Format papier

Pastoralisme et transhumance en Provence durant la Seconde Guerre mondiale : de l'Occupation à l'après-Libération, Paris, BoD, 2023 (à paraître).

Les chemins de transhumance dans la Provence du XVIIIème siècle, collection Mélanges Pastoraux, Paris, BoD, 2022.

La transhumance arlésienne durant la Seconde Guerre mondiale. Pays d'Arles et Camargue (1939-1942), collection Mélanges Pastoraux, Paris, BoD, 2022

L'Académie des Fadas de Marseille, Paris, BoD, 2022.

Les banquets dans Harry Potter, Paris, BoD, 2021.

Les Menus de Choisy, Paris, BoD, 2021.

Bergers et moutons de la Crau à l'alpe. Pastoralisme ovin et transhumance de la Préhistoire à nos jours, Préface de Régis Bertrand, Paris, BoD, 2021.

Les quatre mousquetaires pagnolesques, Paris, BoD, 2020.

Tables des riches, Tables du peuple. Gastronomies et traditions culinaires en Provence du Moyen Âge à nos jours, Saint-Martin-de-Crau, éditions Jean-Marie Desbois, GénéProvence, 2014.

    Prix Monsieur et Madame Amphoux décerné par l'Académie des Sciences, Lettres et Arts de Marseille **(2014).**

À la table des élites. Les repas privés en France de la Régence à la Révolution, Aix-en-Provence, Presses Universitaires de Provence, 2013.

Les Rois à table. Iconographie, gastronomie et pratiques des repas de Louis XIII à Louis XVI, Aix-en-Provence, Presses Universitaires de Provence, 2011.

Éditions numériques

L'iconographie des arts de la table dans la porcelaine de Sèvres au XVIIIème siècle, Paris, BoD, 2020.

Le thé et le café dans l'art français aux XVIIème et XVIIIème siècles, Paris, BoD, 2020.

CONTRIBUTION

« The diets of rich and powerful », in *Early Modern Food*, sous la direction de Roderick Phillips, Routledge, (à paraître).

Notices : « À la table de Maupas… » et « L'horloge néobaroque des ébénistes David Frères », in *La Préfecture de Marseille*, sous la direction de Laurent Noet, Marseille, éditions David Gaussen et E.S.So.R, 2021.

« Les arts de la table et la faïence provençale », in *À table en Provence 1850-1940*, actes du colloque - janvier 2015, Toulon, 2015.

© Sandrine Krikorian, 2022
Édition : BoD - Books on Demand, info@bod.fr
Impression : BoD - Books on Demand,
In de Tarpen 42, Norderstedt (Allemagne)
Impression à la demande
ISBN : 978-2-3224-4365-9
Dépôt légal : octobre 2022